AF236367

Daytrading für Einsteiger

Wie Sie die Grundlagen des Daytradings schnell verstehen und Schritt für Schritt Ihre finanzielle Freiheit mit Aktien auf-bauen

Thomas Spahn

FSC
www.fsc.org

MIX

Papier aus ver-
antwortungsvollen
Quellen
Paper from
responsible sources

FSC® C105338

Alle Ratschläge in diesem Buch wurden sorgfältig erwogen und geprüft. Eine Garantie kann dennoch nicht übernommen werden. Eine Haftung des Autors beziehungsweise des Verlags für jegliche Personen-, Sach- und Vermögensschäden ist daher ausgeschlossen.

Alle Rechte, insbesondere das Recht der Vervielfältigung und Verbreitung der Übersetzung, vorbehalten. Kein Teil des Werkes darf in irgendeiner Form (durch Fotokopie, Mikrofilm oder ein anderes Verfahren) ohne schriftliche Genehmigung des Verlages reproduziert oder unter Verwendung elektronischer Systeme gespeichert, verarbeitet, vervielfältigt oder verbreitet werden.

INHALT

Das erwartet Sie in diesem Ratgeber

Denken Sie über Aktienhandel nach, weil das Sparbuch keine Zinsen mehr abwirft? Wenn man die Inflation berücksichtigt, „verbrennt" man sogar sein Geld auf dem Sparbuch mehr oder weniger. Nur Sie sorgen sich immer noch, wann und in welche Aktien, Indizes und ETFs Sie einsteigen sollen, weil Sie nicht wissen, wie Börse funktioniert?

Dann ist dieser Artikel genau das Richtige für Sie. Geld im Alter braucht jeder. Sicherlich sind die Auswahl und die Faktoren, die eine Rolle spielen, riesengroß, doch das muss kein Grund zum

Verzweifeln sein, denn dieser Artikel erklärt Ihnen die Börse, ihre Anlageformen, ihre grundlegendsten Einflussfaktoren und welche psychologischen Fehler zu beachten bzw. vermeiden sind:

Sie lernen die

- saisonalen Effekte,
- Charttechnik,
- „politischen Börsen",
- die „Magie" der Notenbanken („never bet against the FED"),
- Indizes,
- Leerverkäufe,
- Inflation und Bondmärkte (Staatsanleihen),
- Konjunkturindikatoren (Börsenindikatoren),
- Berichtsaison und die Bedeutung der Quartalsberichte,
- Börsenphänomene (u. a. Hindenburg-Omen, die I-den des März)
- den typischen Ablauf einer Blase

u. v. m. kennen.

Grundsätzlich muss man unterscheiden zwischen „Zockern"(Day-Tradern) und langfristig orientierten Anlegern. Prinzipiell spricht eine Menge für Aktien, da es kaum eine bessere Alternative als Geldanlage gibt. Wer allerdings mehr Verständnis zu dem

Thema erlangen möchte, sollte diesen Artikel lesen.

Day-Trader handeln ähnlich wie Hedgefonds(-manager) in allen Börsenphasen, selbst in den volatilen, wohingegen langfristig orientierte Anleger auch mal eine Korrektur im Markt durchstehen, ohne sofort zu verkaufen.

Der Aktionär als „kleiner Unternehmer"

Anders als in dem einen oder anderen Hollywood-Film dargestellt, ist ein Aktionär kein Glücksspieler, sondern ein Anteilseigner eines Unternehmens, das Aktien verbrieft, welche dem Wert des Unternehmens in Form eines Wertpapiers entsprechen. Als Aktionär erhalten Sie gewisse (Mitbestimmungs- und Auskunfts-)Rechte: Je erfolgreicher das Unternehmen, desto steiler i. d. R. die Kurssteigerungen seiner Aktien und desto höher die Dividende, die das Unternehmen i. d. R. ausschüttet (und umgekehrt bei Misserfolg).

Die Dividendenhöhe ist generell abhängig von der Ertragskraft, Konjunkturlage und Dividendenpolitik des Unternehmens. Einige Unternehmen (v. a. aus dem Technologiesektor) zahlen grundsätzlich keine Dividende, sondern nutzen den erwirtschafteten Gewinn gänzlich, um z. B. neue Investitionen zu tätigen.

In der Regel ist eine nachhaltig attraktive Dividendenrendite über Jahre und Jahrzehnte ein gutes Zeichen und wirkt sich stabilisierend auf den Aktienkurs aus. Sie ist aber kein alleiniges Entscheidungskriterium für einen bestimmten Aktienkauf. Da an der Börse die „Zukunft" gehandelt wird, können auch Aktien von Unternehmen stark steigen, die erst (vermeintlich) in (ferner) Zukunft Gewinne einstreichen werden, wie z. B. Tesla, dessen Börsenwert 2020 bis zum 15-fachen seines Umsatzes bewertet gewesen ist. Achtung: Zu steile Kursanstiege, die unrealistisch sind, bergen auch die Gefahr einer Blase, die jederzeit platzen und das Geld der Anleger „fressen" kann.

Als Richtlinie sollten deshalb gerade Kleinanleger Richtgrößen wie KGV, KUV, Buchwert, etc. im Auge behalten, zu denen ich später genauer im Artikel kommen werde. Selbst Otto-Normal-

Verbraucher können mit monatlichen Sparplänen schon ab 25 € teilhaben.

Manche Unternehmen bezahlen ihre Mitarbeiter gar in Form von Aktien, sodass die Mitarbeiter zum Miteigentümer ihrer Firma werden: Läuft die Konjunktur/Wirtschaft gut, profitieren nicht nur die Aktionäre davon, sondern auch die Firmen selbst, die sich am Kapitalmarkt viel leichter und günstiger hohe Kapitalbeträge beschaffen können für Erfolg versprechende Investitionen. Sogenannte Vermittler zwischen Firma und Großinvestoren und Kleinanlegern vereinfachen den Finanzfluss beim Kauf und Verkauf. Auch der Staat bedient sich der Vorteile der Börse, indem er Staatsanleihen ausgibt: Eine Anleihe ist wie ein Kredit, den ein Anleihegläubiger vergibt, um dafür Zinsen auf Zeit zu bekommen. Heutzutage werden täglich Billionen in allen Währungen, hauptsächlich US-Dollar und Euro, per Knopfdruck über den Globus verschickt.

Die Börse soll dabei für Ordnung, Sicherheit und Transparenz im Marktgeschehen sorgen und den Markt breit aufstellen, sodass der Wert jeder einzelnen Aktie durch eine größere Menschenmenge zustande kommt. Neben den allgemeinen Stammaktien, die i. d. R. in die Indizes aufgenommen werden, gibt es Inhaber-, Namens- und Vorzugsaktien, die unterschiedliche Aktionärsrechte und Dividenden-höhen beinhalten.

Letztere sind besonders bei Aktionären beliebt, die sich nicht in die Unternehmenspolitik einmischen wollen, dafür aber eine höhere Dividende erhalten. Für Anfänger eignen sich Indizes und ETFs, also Aktienpakete, die viele (verschiedene) Aktien bündeln, denn eine altbekannte Börsenregel lautet: Diversifiziere! Profis schlagen auch gern bei riskanteren Einzelaktien zu.

Wie funktioniert die Börse?

Wie auch in der freien und realen Wirtschaft wird der Preis für eine Aktie aus Angebot und Nachfrage bestimmt. Die Welt der Finanzprodukte ist riesig: Strombörsen, Schuldscheine von Unternehmen oder Staaten, Rohstoffbörsen, Nahrungsmittelbörsen etc. Man handelt nicht von Angesicht zu Angesicht und jeder kann Käufer und Verkäufer sein, ähnlich wie bei eBay, jedoch virtuell und elektronisch, da es physische Wertpapiere kaum noch gibt, sondern hauptsächlich Sammelurkunden für alle Aktionäre eines Unternehmens.

Die Geschäfte werden dabei nach bestimmten Regeln über Händler abgewickelt, welche von speziellen (Bundes-)Behörden bzw. Aufsichtsorganen überwacht werden, um Schäden für die Volkswirtschaft zu vermeiden, was nicht immer funktioniert, wie man zuletzt an dem Wirecard-Skandal gesehen hat. Als Lehre wird der DAX nun ab September 2021 breiter aufgestellt von 30 auf 40 Kandidaten, welche strenger als zuvor kontrolliert werden sollen.

Wie kommt es zum Schritt aufs Börsenparkett?

E in Firmeninhaber entschließt sich zum Gang aufs Börsenparkett nach Erfüllung mehrerer Auflagen meist dann, wenn er kostspielige Pläne hat, die er selbst nicht stemmen kann, zum Beispiel eine Fusion oder der Bau einer neuen Fabrik wie z. B. Tesla bei Berlin. Anteilsverkäufe über die Börse verändern etwa die Eigentümerstruktur.

Die Emissionserlöse können für den Schuldenabbau oder Neuinvestitionen verwendet werden. Um die Kreditrückzahlungspflicht samt Zinsen bei einer Bank sowohl in wirtschaftlich guten als auch in schlechten Zeiten zu vermeiden, erscheint es bei einem Börsengang viel attraktiver, frisches Geld über Aktionäre ins Unternehmen schießen zu lassen. Die Aktionäre können ihr Geld niemals zurückverlangen – sie können ihre Aktien nur an einen anderen Anleger verkaufen. Dafür werden sie im Falle gut laufender Geschäfte durch eine Dividende am Gewinn beteiligt.

Dennoch muss ein Börsengang gut überlegt sein: Der Organisationsaufwand ist enorm, den sich die Banken teuer bezahlen lassen: Schon die Vorbereitung kostet zwischen sechs und zehn Prozent des Emissionsvolumens: Airbnb hat bspw. bei seinem IPO am 11.12.20 etwa 10 Mrd. US-Dollar eingenommen, wovon bis zu 1 Mrd. sofort wieder abfließen mussten.

Auch die laufenden Kosten der Börsenpräsenz sind hoch: Vergütung der Aufsichtsräte, Aktionärshauptversammlung (mindestens 50.000 Euro p. a.), Quartalsberichte und der jährliche Geschäftsbericht (mindestens 100.000 Euro p. a.). Dazu kommt noch der Transparenzzwang, der Rechtfertigungsdruck vor Aktionären, Analysten, Journalisten und Fondsmanagern, die nicht selten Kritik äußern, auf die man adäquat reagieren muss.

Folgende Fakten sorgen für eine Win-win-Situation gegenüber Aktionären und Unternehmen bei steigenden Kursen:

• Es zeigt, wie viel Vertrauen der Aktienmarkt in das Geschäftsmodell einer Firma setzt. Das wirkt sich auch auf ihr Ansehen aus.

• Weiteres Eigenkapital einzusammeln, wird über eine Kapitalerhöhung leicht erschwinglich. Je höher die Notierung an der Börse, desto mehr Kapital kann sie pro ausgegebener junger Aktie einnehmen. Um auf die gewünschte Kapitalhöhe zu kommen, muss sie auch weniger junge Aktien ausgeben – das freut die Altaktionäre, denn der Wert ihrer Anteile wird weniger verwässert. Tesla bspw. hat allein 2020 schon drei Kapitalerhöhungen unternommen.

• Je höher der Kurs, desto mehr ist das Unternehmen auch vor Übernahmen durch Konkurrenten oder Hedgefonds geschützt, besonders, wenn eine AG selbst oder befreundete Großaktionäre sehr wenige Aktien halten.

• Zudem können eigene Aktien als Akquisitionswährung verwendet werden. Das heißt, man kauft ein fremdes Unternehmen mit eigenen Aktien. Je höher deren Wert, desto leichter fällt die Übernahme.

• Aktionäre können durch ihr Stimmrecht Einfluss auf die Unternehmensführung nehmen und dem

Management das Leben durchaus schwer machen, indem sie wichtige Entscheidungen blockieren. Zudem haben die Anteilseigner auch Einfluss auf das Gehalt der Manager: Bei guten Leistungen werden Managern oft Boni ausgezahlt. Die Aktionäre sollten also durch attraktive Dividenden und/oder hohe Aktienkurse bei Laune gehalten werden.

Was beeinflusst den Aktienkurs?

D er Hauptfaktor für den Erfolg eines Unternehmens, der an der Börse zählt, sind der Nettoreingewinn und viel wichtiger noch: die Gewinnaussichten, denn an der Börse wird, wie man so sagt „die Zukunft gehandelt". Deshalb achten die Anleger auch sehr auf die Quartalsberichte der einzelnen Unternehmen: Je nachdem, ob die Quartalsgewinne und auch die Zukunftsaussichten über oder unter den Erwartungen liegen, steigt oder fällt meistens die jeweilige Aktie.

Ansonsten ist es ein Zeichen, dass etwas mit dem Sentiment grundsätzlich nicht stimmt, sodass

Anleger wieder mal einen Blick auf die Charttechnik werfen sollten. Die Berichtsaison beginnt meistens mit den US-Banken, die auch allgemein als Konjunkturindikatoren gelten.

Natürlich spielt die Strategie und das Geschäftsmodell der Unternehmensführung eine wichtige Rolle, aber auch die jeweilige Branchen- und Konkurrenzsituation, Preislage der Produkte etc. und nicht zuletzt das allgemeine, aktuelle Börsenumfeld: Sind die Anleger allgemein euphorisch, profitiert der Gesamtmarkt, denn sie schwimmen gemeinsam in dieselbe Richtung.

Börsen-Indizes als „Blickfang"

Die großen Börsen-Indizes spiegeln die allgemeine Situation an den Börsen wider: Die wichtigsten Aktien eines Landes oder einer Branche sind hier gelistet. Die Aufnahme in einen solchen Auswahlindex oder das Ausscheiden sind für die betroffenen Unternehmen von enormer Bedeutung (Aufmerksamkeit und Imagegewinn) und erfolgt je nach Index nach verschiedenen Kriterien.

Der DAX enthält die 30 nach Marktkapitalisierung größten deutschen an der Börse notierten Unternehmen. Der MDAX (Mid-Cap-DAX) und der SDAX (Small-Cap-DAX) enthält jeweils die kleineren deutschen Firmen in entsprechender Größenordnung (Marktkapitalisierung). Der TecDAX listet allein die Gesellschaften aus der Technologiebranche. Unternehmen können in mehreren Indizes gleichzeitig gelistet sein. Die Deutsche Börse prüft in regelmäßigen Abständen (i. d. R. jährlich für TecDAX und DAX, halbjährlich für MDAX und vierteljährlich für SDAX), ob die Unternehmen dieser Indizes noch den Aufnahmekriterien (Börsenumsatz und Marktkapitalisierung) entsprechen. Für Fusionen, Insolvenzen oder anderen Ereignissen werden die Prüfungen vorgezogen.

Leider werden in den Medien nur Kursindizes dargestellt anstelle der Performance-Indizes, selbst der DAX, der normalerweise ein Performance-Index wäre: Kursindizes zeigen rein die Kurse auf und Performance-Indizes noch dazu die jeweiligen Renditen.

DOW-JONES

Einer der umstrittensten Börsen-Indizes ist der seit 1928 aus insgesamt 30 Aktienwerten bestehende Dow-Jones-Industrial-Average. Er berechnet sich durch die Addition aller 30 Aktienkurse und die Division durch einen flexiblen Divisor.

Dieser korrigiert den Aktienkurs hinsichtlich Änderungen in der Indexzusammensetzung und Aktiensplits und sorgt dafür, den Dow-Jones über lange Zeit korrekt zu vergleichen. Durch Aktiensplits bleibt nämlich der Investitionswert einer Aktie gleich, lediglich ihr Durchschnittspreis nicht. Kritisiert wird, dass Dividendenzahlungen und Kapitalveränderungen nicht mit ein- bzw. abfließen, es sich also um einen Kursindex handelt, der ausschließlich auf Basis der Aktienkurse berechnet wird: Nur, weil der Preis einer Aktie hoch ist, handelt es sich nicht automatisch um das größte Unternehmen: So verzerren Aktien mit einem hohen Kurs den Index überproportional.

Dennoch orientiert sich der deutsche DAX in aller Regel sehr an seinem großen Bruder. Übrigens sind einige der heutigen Dow-Jones-Werte nicht nur an der Wall Street (NYSE) notiert, sondern auch an der Technologie- und Computerbörse Nasdaq.

S UND P 500

Der breiter gefasste S&P 500 erfasst die 500 branchenübergreifend größten und damit auch wichtigsten Unternehmen der USA aus NYSE, NYSE Amex und Nasdaq. Er orientiert sich am Börsengewicht

(Marktkapitalisierung) der Unternehmen, ist also eigentlich nicht preisgewichtet wie der Dow-Jones, sondern kapitalisierungsgewichtet, wird aber dennoch in den Medien in der preisgewichteten Variante dargestellt.

2005 wurde der Index modernisiert: Statt der gesamten Marktkapitalisierung zählt seither nur noch die des „Streubesitzes", also das Volumen der frei handelbaren Aktien. Ein Trend, dem auch andere Indizes gefolgt sind, weil er die Stellung eines Unternehmens im Markt besser darstellt.

Man muss allerdings beachten, dass selbst Unternehmen mit einer hohen Marktkapitalisierung mitunter keine realen Gewinne einstreichen. Bestes Beispiel: Tesla. Selbst Apple kostete dieses Jahr zeitweise mindestens das 36-fache der für das kommende Geschäftsjahr erwarteten Gewinne. Allerdings sitzt Apple genauso wie die anderen Tech-Giganten auch auf einer Menge Daten bislang ungeahnten Ausmaßes, deren genauer Wert noch nicht erfasst wurde.

Russell 3000 und Wilshire 5000 sind Kursindizes, die den US-Markt branchenübergreifend noch breiter umfassen.

DAX

Beim DAX handelt es sich ursprünglich nicht auch um einen Kursindex, sondern um einen Performance-Index, da er über die Aktienkurse hinaus auch die Reinvestition der Dividenden berücksichtigt und damit für einen eingebauten Zinses-Zins-Effekt sorgt. Damit kann der Performance-DAX theoretisch sogar dann steigen, wenn die Kurse fallen. Auf Sicht von 30 Jahren (1988 bis 2018) sind allein die reinvestierten Dividenden für eine DAX-Rendite von 700 Prozent verantwortlich.

TECH-SCHWERGEWICHTE AN DER BÖRSE

Die Tech-Riesen bestimmen mittlerweile maßgeblich das Wohl und Wehe des gesamten Aktienmarkts: Amazon (mind. 1,3 Billion €), Apple (mind. 1,83 Billion €), Facebook (mind. 626,41 Mrd. €), Microsoft (mind. 1,37 Billion €) und die Google-Mutter Alphabet (mind. 958,92 Mrd. €) haben nach den Berechnungen von finanzen.net 2020 fast fünf Billionen Euro an Börsenwert (Marktkapitalisierung) aufgeboten, das ist mehr als die ganze Wirtschaftskraft Deutschlands.

Die "Big Seven" unter den US-Techs, die

genannten Unternehmen plus Netflix (186,44 Mrd. €) und Nvidia (264,22 Mrd. €) umfassten zeitweise rund den halben Anteil des Börsenwerts des Technologieindexes Nasdaq 100. Diese "Ballung" birgt neue Risiken: An dieser Stelle sei auf das Hindenburg-Omen aufmerksam gemacht: Gibt es in den einzelnen Indizes mehr Aktien, die fallen (also 52-Wochentiefs), anstatt zu steigen (also 52-Wochenhochs), zeigt das, dass die großen Indizes vielleicht noch steigen mögen, der breite Aktienmarkt aber nicht gesund ist. Tritt dieses Phänomen mehrmals hintereinander auf, so kündigt sich ein Crash an: Beispiele waren 1987 und 2007.

Die „Magie" der Notenbanken

D ie Notenbanken rund um den Globus haben durch Zinssenkungen Ende 2018 die Renditen der Staatsanleihen ihrer Länder niedrig gehalten. 10-jährige Titel wiesen 2020 allein in Deutschland und den USA zeitweise sogar negative Renditen auf (eine Seltenheit). Das trieb Investoren in riskantere, aber lukrativere Anlagemöglichkeiten wie Aktien.

Dies führte laut BIZ Berechnungen dazu, dass Unternehmen 2020 aufgrund des sehr attraktiven Zinsumfelds Anleihen in Rekordgeschwindigkeit mit rekordverdächtig niedrigen Renditeaufschlägen emittierten, v. a. Titel mit langen Laufzeiten, was den Run auf Unternehmensanleihen gegenüber Staatsanleihen übertraf. Mit dieser Erhöhung der Barmittel können Liquiditätsrisiken erst einmal abgefedert werden, jedoch steigt damit auch die Unternehmensverschuldung weiter an.

EZB

Verringert sich das Angebot der Anleihen, steigen die Kurse und sinken die Renditen, die sich neben der Zinsvergütung aus der Differenz zwischen Kaufkurs und Rückzahlungsbetrag ergeben: Kredite werden erschwinglicher, denn das allgemeine Zinsniveau sinkt.

Privatleute kommen leichter und schneller an Geld und kurbeln im besten Fall dann Konsum und Investitionen an. Negativzinsen bei Staatsanleihen bedeuten für den jeweiligen Staat praktisch „Geld verdienen fürs Schulden machen". Umso mehr Kredite im Umlauf sind, desto mehr steigt natürlich auch die Verschuldung an.

Mitte März 2020 beschloss die EZB das "Pandemic Emergency Purchase Programme", genannt "PEPP". Dabei handelt es sich laut Deutscher Bundesbank um ein "temporäres Ankaufprogramm für

Anleihen öffentlicher und privater Schuldner": Die EZB kauft den Geschäftsbanken und Versicherern an der Börse Anleihen von Unternehmen und Staaten ab und stützt damit wieder indirekt die krisenhaften börsennotierten Unternehmen.

Früher hat die EZB dafür den Leitzins gesenkt, dieser liegt aber seit 2016 schon bei null Prozent. Anfangs war von „nur" 750 Milliarden Euro, die die EZB für die Rettung der Wirtschaft bereitstellen wollten, die Rede. Anfang Juni kamen dann weitere 600 Milliarden sowie im Dezember noch einmal weitere 500 Mrd. Euro hinzu, sodass sie auf bisher insgesamt 1,850 Billionen Euro kommen soll. Bis mindestens März 2022 will die EZB diese Summe in die Märkte schießen.

Ziel ist es, damit auch gleichzeitig die (pandemiebedingte) Deflation zu bekämpfen. Bereits seit 2010 unternimmt die EZB immer wieder derartige Maßnahmen sowie auch schon 2009 durch Pfandbriefkäufe, um die Finanzmärkte und die Wirtschaft wieder auf Vorkrisenniveau zu bringen. Diesmal jedoch ist die EZB komplett frei und flexibel in ihren Entscheidungen, welche Anleihen sie kauft, egal, aus welchen Ländern und mit welcher Laufzeit, darunter fallen selbst „Schrottanleihen". Durch die Bezahlung entsteht neues Geld für die Banken, welches sie in

Form von Krediten an Privatleute und Unternehmen in die reale Wirtschaft pumpen (können).

Die Geldpolitik der EZB finanziert einmal mehr die Finanzpolitik, mit der die Regierungen über niedrige Steuern oder Kurzarbeitergeld die Wirtschaft risikolos ankurbeln können.

FEDERAL RESERVE

Seit Mitte März 2020 stieg die Bilanzsumme der US-Notenbank FED von 4,2 auf erst einmal 7,2 Billionen Dollar bis Juni 2020: Leitzinssenkung auf fast Null, Kauf von US-Staatsanleihen sowie Kreditprogramme für Unternehmen und Verbraucher in bisher ungekanntem Ausmaß. Zum Vergleich: 2010 bis 2015 habe es zwischen S&P 500 und der FED-Bilanz eine Korrelation von 0,98 gegeben, d. h. beide bewegten sich zu 98 % in dieselbe Richtung, ähnlich wie nun 2020.

Eine Studie der Bank of America zeigt im Zeitraum von 2016 bis 2019 ähnlich hochgenaue Zahlen für China, USA, Japan und Europa. Inzwischen nimmt die FED sogar ein Überschreiten des Inflationsziels von 2 % in Kauf, um sich in Zukunft an Durchschnittswerten der Inflation zu orientieren („Average Inflation Targeting"), nur um das neue

übergeordnete Ziel der Vollbeschäftigung zu errei-
chen: Damit kann sie Unternehmen leichter unter
die Arme greifen, mehr Jobs zu schaffen, um allen Ar-
beitnehmern, insbesondere Familien mit niedrige-
rem Einkommen, zu helfen.

Dieser Strategiewechsel trieb die Flucht in die
US-Aktienmärkte aus „Angst ums Bargeld" zuletzt
abermals an. Doch der nächste Strategiewechsel der
FED könnte schon bald vor der Tür stehen.

Sollten die Maßnahmenpakete der US-Regierung auch nicht ausreichen, dürfte die FED mit weiteren Anleihekäufen nachlegen. Schon im Oktober
hat die FED allerdings die Hilfspakete für kleinere
und mittlere Unternehmen aufgestockt: Künftig können Kredite bereits in Höhe von 100,000 US-Dollar
(aus einem bereits bestehenden Hilfsprogramm) be-
antragt werden, als bis zuletzt erst ab 250,000 US-
Dollar, deren Run allerdings seit Beginn der Pande-
mie im März nicht wirklich angelaufen ist.

Fazit: Wachsende Geldmenge und mangelnde
Investitionsalternativen haben die Aktienmärkte
(nicht erst) seit März 2020 nach oben getrieben.

Börsen-Zyklen

An der Börse repräsentiert der Bär mit seinem geneigten Blick nach unten fallende Kurse (Bärenmarkt bzw. Baisse ab minus 20 % gegenüber dem vorherigen Hoch) und der Bulle mit seinem Blick nach oben steigende Kurse (Bullenmarkt bzw. Hausse). Anhand des S&P 500 betrachteten die Forscher von Newfound Research ausgehend von einer Publikation Robert Shillers den über 100-jährigen Zeitraum zwischen 1903 und 2016: zwölf Bullenmärkte zwischen 1,8 und 14,6 Jahren und elf Bärenmärkte zwischen 0,3 und 2,8 Jahren.

Er berechnete eine durchschnittliche Bullenmarktdauer von 8,1 Jahren, die deutlich über der durchschnittlichen Bärenmarktdauer von lediglich 1,4 Jahren liegt. 2020 bspw. zeichnet das Jahr der Rekorde und beendete die seit 2009 anlaufende Hausse: kürzeste Baisse (34 % in 30 Tagen im Februar/März) aller Zeiten, schnellste Erholung aller Zeiten (46 % vom März bis September).

Errechnet wird dies mittels der jährlichen Rendite: Die durchschnittliche, jährliche Rendite war immer zweistellig. In zehn der elf Bärenmärkte lag der Durchschnittsverlust bei über 15 Prozent pro Jahr. In der Finanzkrise wurden minus 50 Prozent zwischen Juli 2007 und Februar 2009 verzeichnet. Bei den Bullenmärkten ist es ähnlich: In zehn von zwölf Fällen entstand ein jährlicher Anstieg von mindestens 15 Prozent. Besonders auffällig ist, dass in der Vergangenheit oftmals im Monat März Hoch- und Tiefpunkte von endenden Hausses und Baisses markiert wurden („Iden des März").

Ebenso kündigen visionäre Wolkenkratzerprojekte („Skyscraper-Index") Wirtschaftskrisen an, denn auf dem Hochpunkt einer Hausse sind die Investoren am risikofreudigsten: Das „Chrysler Building" und das „Empire State Building" wurden 1930 zu Beginn der großen Depression gebaut, die „Petronas Towers" in Kuala Lumpur zu Beginn der Asien-Krise 1997, das „Taipei 101" ab 1999 in

Taiwan kurz vor dem Crash der Dotcom-Blase und der „Burj Khalifa" 2007 in Dubai kurz vor der Finanzkrise. 2013 begann in der saudischen Stadt Dschidda der Bau des „Jeddah Tower", der ursprünglich 2019 fertiggestellt werden sollte, jedoch 2018 eingestellt wurde. Nun verschiebt sich seine Eröffnung auf voraussichtlich 2024.

Steigen die Kurse, hat dies meistens nicht nur einen Grund und bei jedem Bullenmarkt sind es andere, genauso wie Dauer und Stärke. Ebenso ist es bei Bärenmärkten. Das macht es so schwierig, einen Zyklus richtig einzuschätzen. Hilfreich ist ein Blick auf die Historie: Das Börsenwachstum der 1970er- und 1980er-Jahre war hauptsächlich inflationsgetrieben. Vor der Finanzkrise 2008 war der Haupttreiber Produktionswachstum.

Nach der Krise war es die Stützung der Notenbanken und Regierungen zur Kurserholung in Richtung des langfristigen Durchschnitts. Hinzu kamen mehrfache Zinssenkungen, Investorenerfahrungen und steigende Dividenden. Doch Ausreißerbeispiele gibt es auch: Der japanische Aktienmarkt hat nach einer 15,2 Jahre andauernden Baisse eine 22-jahre-lange Hausse (bis ins Jahr 2012) durchgemacht.

In einer laufenden Hausse kommt es aber immer wieder zu Korrekturen um durchschnittlich 15,6 %.

Sie treten i. d. R. einmal pro Jahr auf und dauern im Schnitt 72 Tage. Im Unterschied zu Bärenmärkten basieren sie meist auf psychologischen Faktoren und irrationalen Ängsten ohne echte Fundamentaldaten, was oft zu höherer Volatilität, Unsicherheit und alarmierenden Medienberichten führt („Politische Börsen haben kurze Beine.").

Anleger befürchten oftmals, dass sie einen Bärenmarkt einleiten: Von 1980 bis 2018 haben von 36 Korrekturen von rund 10 % am US-Markt nur fünf (entspricht 14 %) zu einem Bärenmarkt geführt. In den meisten Fällen bieten sich also Korrekturen als günstige Einstiegskurse an. Hilfreich ist in so einem Fall mal wieder ein Blick auf die 200-Tage-Linie. In der letzten Hausse gab es von 2010 an bis zum vierten Quartal 2018 im Übrigen insgesamt acht Korrekturen. Dabei spielen Leerverkäufe keine untergeordnete Rolle. Leerverkäufe im großen Stil sind in aller Regel Hedgefonds.

Diese Art von Investoren verdient ihr Geld, indem sie auf Kursbewegungen wettet, in welcher Art oder in welche Richtung ist dabei völlig egal. Leerverkäufe sind zwar, gerade bei Wetten auf fallende Kurse (Short), an der Börse sehr umstritten, zahlreiche wissenschaftliche Studien weisen jedoch darauf hin, dass Leerverkäufe ein wichtiges Korrektiv sind, um Kursexzesse nach oben abzumildern.

Denn das Beispiel Immobilienmarkt zeigt, welche Konsequenzen Spekulationsblasen haben können. Shortseller sind also die „wahren Finanzaufseher" der Märkte. Zumal Leerverkäufer nicht auf Dauer gegen ein gesundes Papier oder gegen einen gesunden Staat spekulieren können, sondern nur dann, wenn dort wirklich etwas faul ist. Netto-Leerverkaufspositionen müssen im Übrigen ab 0,5 % im Bundesanzeiger online angezeigt werden – ein Aufruf auf Google lohnt sich also auch hier. Nutzen Sie die kostenlose Suchfunktion, um nach einzelnen Veröffentlichungen zu recherchieren.

Das Ausmaß der Leerverkaufsaktivitäten spiegelt sich in der Volatilität als Risikomaß wider. Diese ist eine Schwankungsbreite eines Indexes oder einer Aktie oder einer Währung: umso schwankungsanfälliger, desto heftiger die Volatilität. Dafür gibt es einen eigenen Index, der die gegenwärtige, vom Markt erwartete Volatilität der DAX-Werte misst, den VDAX. Dieser ist nicht zu verwechseln mit der historischen Volatilität, die auf Basis eines historischen Kurses den Basiswert für einen Index oder eine Aktie festlegt, also eine durchschnittliche Schwankungsbreite.

Die Praxis zeigt, dass bei gebremst steigenden

DAX-Kursen der VDAX fällt. Sinkt der DAX, steigt der VDAX an („Angstbarometer"). Aktienrückkäufe hingegen treiben eine Hausse an: Bei solchen erwirbt ein Unternehmen bis zu 10 % aller Anteilsscheine von seinen Aktionären innerhalb von fünf Jahren zurück, entweder direkt über die Börse oder nach öffentlicher Absprache mit den eigenen Aktionären auf der Hauptversammlung „direkt aus den Händen" der Aktionäre per Aufschlag. Dies hat psychologisch gesehen eine dreifach positive Wirkung:

• Ein Unternehmen tut dies aus gutem Grund, wenn es sicher ist, dass das Unternehmen gut läuft und die Aktie attraktiv bleiben wird.
• Durch die schlagartige Kurssteigerung schlagen im Idealfall auch andere Investoren zu.
• Wenn weniger Aktien im Umlauf sind, der Streubesitz also sinkt, gibt es i. d. R. auch eine höhere Dividende und ein geringer ausfallendes KGV.

Doch ob Aktienrückkäufe auch zu langfristigen Kurssteigerungen führen, bleibt abzuwarten: Sie können auch als Fantasielosigkeit gewertet werden, da das Unternehmen keine besseren Investitionen im Sinn hat und sinnvolle(re) Investitionen ausbleiben. Dies kann wachstumsschädlich wirken. Besonders kritisch wird es dann, wenn das Unternehmen Aktienrückkäufe über neu aufgenommene Kredite finanziert.

Die wichtigsten Kenngrößen
(Konjunkturindikatoren)

F ür Anfänger reicht zwar ein Blick auf die Öl-
und Kupferpreise, Profis schauen aber auch
auf die Renditen der 10-jährigen US-Staatsanleihen („Inverse Zinskurve gilt als Vorbote einer
Rezession.") sowie zahlreiche andere Kenngrößen
und Indizes, deren Bedeutsamkeiten teilweise je
nach Branche unterschiedlich gewichtet werden:

EINKAUFSMANAGERINDEX

Bei der Ermittlung von Einkaufsmanagerindizes stehen die sogenannten Einkaufsleiter im Mittelpunkt des Interesses. Dieser wird für Deutschland vom Londoner Finanzinformationsanbieter Markit für Deutschland ermittelt gemeinsam mit dem Bundesverband Materialwirtschaft, Einkauf und Logistik (BME). Dazu werden rund 500 Einkaufsleiter und Geschäftsführer der verarbeitenden Industrie in Deutschland zu ihrer Stimmung zum aktuellen Marktumfeld und im Hinblick auf die kommenden sechs Monate befragt.

Werte von über 50 deuten auf eine zunehmende Wirtschaftsaktivität und Werte von unter 50 auf eine negative Geschäftsentwicklung hin. Liegt ein Einkaufsmanagerindex bei genau 50, dann ist dieser neutral zu werten.

US-EINKAUFSMANAGERINDEX

Die amerikanischen Indizes zur Stimmung der Einkaufsmanager gelten als wichtige konjunkturelle Frühindikatoren und wirken oft kursbewegend, insbesondere, wenn sie nicht den Markterwartungen entsprechen.

Der vom Institute of Supply Management (ISM)

berechnete Index der Einkaufsmanager im verarbeitenden Gewerbe ermittelt sich aus der landesweiten Befragung von über 400 Managern, die mit dem Einkauf für ihre Unternehmen befasst sind. Er gibt ihre Einschätzung der aktuellen Geschäftslage wieder und wird am ersten Handelstag des Monats für den Vormonat veröffentlicht. Ab 50 Punkten spricht man von einer zunehmenden Wirtschaftsentwicklung.

ZEW-INDEX

Mitte jedes Monats veröffentlicht das Mannheimer Zentrum für Europäische Wirtschaftsforschung (ZEW) seinen Index zu den Konjunkturerwartungen. Dafür werden bis zu 350 Volkswirte und Finanzmarktspezialisten zu ihren Konjunkturerwartungen in den kommenden sechs Monaten befragt. Das Barometer gibt dabei die Differenz zwischen den positiven und negativen Einschätzungen für die Wirtschaftsentwicklung wieder: bspw. ergeben 60 % Positivstimmen und 20 % Negativstimmen zusammen 40 %.

IFO-GESCHÄFTSKLIMAINDEX

Der weitaus wichtigste konjunkturelle Frühindikator in Deutschland ist der Geschäftsklimaindex des Münchner Instituts für Wirtschaftsforschung (Ifo). Entsprechend aufmerksam verfolgen auch die Börsianer den Index, der gegen Ende jedes Monats veröffentlicht wird.

Für den Index befragen die Wirtschaftsforscher rund 9.000 deutsche Unternehmen, wie sie die aktuelle Geschäftslage und die Erwartungen für die kommenden sechs Monate einschätzen ("gut", "befriedigend" oder "schlecht" bzw. "besser", "gleich" oder "schlechter"). Das Ifo-Institut berechnet den Mittelwert aus den saldierten Prozentanteilen der positiven und negativen Antworten und deren Gewichtungen nach Branchen. Das Ergebnis bezieht sich auf das Ausgangsjahr 2015.

Interessant ist die Veränderung des Gesamtindexes zum Vormonat. Steigt der Index, hellt sich die Konjunkturlage in Deutschland auf. Sinkt er, trüben sich die Aussichten. Als besonders aussagekräftig gilt die langfristige Tendenz. Steigt der Ifo-Index dreimal in Folge, ist ein Konjunkturaufschwung sehr vielversprechend. Dieser Index ist besonders für Aktionäre von zyklischen Aktien wie z. B. Maschinenbau- und Industrieaktien interessant, wie z. B. Dürr,

Daimler etc.

BIP

Das Bruttoinlandsprodukt (BIP) spiegelt die wirtschaftliche Leistung einer Volkswirtschaft – i. d. R. in einem Zeitraum von einem Jahr – wider. Die Börse interessiert sich dabei nur für das reale BIP, also vor Abzug der Inflation. Bei der Berechnung des BIP handelt es sich um einen „nachlaufenden Indikator" (45 bis 60 Tage nach Quartalsende).

US-BRUTTOINLANDSPRODUKT

Das Bruttoinlandsprodukt (Gross Domestic Product) der USA als die größte Volkswirtschaft der Welt ist genauso wie dasjenige des „industriellen Herzens der Welt, China" ein Hingucker. Es misst die gesamte inländische Produktion von Sachgütern und Dienstleistungen während einer Periode. Für jedes Quartal gibt es drei Veröffentlichungstermine. Der erste ist der letzte Handelstag des auf das Quartal folgenden Monats, also der Januar, April, Juli und Oktober. Die zweite Schätzung folgt einen Monat, die abschließende Zahl noch einen weiteren Monat später.

Die Börsianer achten dabei vor allem darauf, ob die Veränderungsrate des BIP den Erwartungen entspricht. Größere Überraschungen sind zwar selten, führen dann aber zu größeren Marktbewegungen. Die US-Statistikbehörde publiziert die Quartalsveränderung des BIP "annualisiert". Ihr Jahreswachstum spiegelt das Wachstum der größten Volkswirtschaft der Welt wider.

US-VERBRAUCHERVERTRAUEN

Das US-Bruttoinlandsprodukt liefert Rückschlüsse auf das Konsumverhalten der Amerikaner, denn 2/3 davon machen das Verbraucherverhalten aus. Umgekehrt geben die Vertrauensindizes einen guten Hinweis auf die Stimmung und damit auf das künftige Kaufverhalten der Konsumenten. Der Verbrauchervertrauensindex des Forschungsinstituts Conference Board (Consumer Confidence) beruht auf der Befragung von über 3.000 amerikanischen Haushalten über ihre Einschätzung der wirtschaftlichen Lage in ihrer näheren Umgebung im Augenblick sowie auf Sicht von sechs Monaten.

Er wird am letzten Dienstag jedes Monats veröffentlicht. Um die Monatsmitte gibt die Universität Michigan ihren vorläufigen Verbrauchervertrauensindex (Consumer Sentiment) preis, der aus der Umfrage mit mindestens 500 Haushalten hervorgeht. Ende des Monats folgen die endgültigen Zahlen. Dieser Index ist besonders für Aktionäre von Konsumaktien, wie Visa, Walmart etc. interessant.

US-ARBEITSMARKTDATEN

In der Regel spielen die zu Anfang jedes Monats veröffentlichten Daten zum amerikanischen Arbeitsmarkt eine herausragende Rolle an der Börse. Eine große Furcht ist beispielsweise in Zeiten des Aufschwungs die einer „Jobless Recovery", also einer Konjunkturerholung ohne die entsprechende Schaffung neuer Stellen, was den wichtigen Konsum hemmen würde.

Die vom US-Arbeitsministerium veröffentlichten Daten zur „Employment Situation" bestehen insbesondere aus der Arbeitslosenquote und der Zahl der neu geschaffenen Stellen des Vormonats. Bemerkenswerterweise haben die Daten zum deutschen Arbeitsmarkt in der Regel einen weitaus geringeren Einfluss auf die deutsche Börse.

US-ERSTANTRÄGE AUF ARBEITSLOSENHILFE

Obwohl sie jede Woche veröffentlicht werden, verfolgen sie die Börsianer erst in bestimmten Phasen, wie zur Corona-Krise 2020, mit besonderer Aufmerksamkeit: Die Zahl der ersten Antragstellungen auf Arbeitslosenhilfe gibt einen Hinweis darauf, wie sich der US-Arbeitsmarkt entwickelt. Es ist naheliegend umso besser, umso geringer die Zahl ausfällt. Aussagekräftiger als die wöchentliche Ziffer ist der Vierwochendurchschnitt, der schon klarere Schlüsse auf die Tendenz am Arbeitsmarkt zulässt.

US-LAGERBESTÄNDE

Mitte jedes Monats werden die Lagerbestände (Business Inventories) der amerikanischen Industrie- und Handelsunternehmen des vorletzten Monats veröffentlicht. Sie gelten als guter Indikator zukünftiger Auftragseingänge im produzierenden Gewerbe.

Sinkende Lagerbestände werden i. d. R. als begrüßendes Konjunktursignal gewertet, weil sie in der Folgezeit höhere Bestellungen der Unternehmen erwarten lassen. Steigende Lagerbestände werden gegen Ende eines Wirtschaftszyklus als Anzeichen dafür gewertet, dass die Nachfrage hinter dem Angebot zurückbleibt und am Anfang eines Zyklus als Signal für steigende Absatzerwartungen.

Wichtig ist auch das Verhältnis von Lagerbeständen zu Umsätzen, weil es einen Hinweis auf den laufenden Verbrauch und die zukünftige Leistung des verarbeitenden Gewerbes gibt. Ein Wert von 1,5 bedeutet, dass die Lagerbestände bei den aktuellen Umsätzen für eineinhalb Monate ausreichen.

LEI-INDEX

Obwohl seine Prognosefähigkeit unbestritten ist, führt der Index of Leading Economic Indicators (LEI) eher ein Schattendasein an der Börse. Um den 20. jedes Monats veröffentlicht das private US-Wirtschaftsforschungsinstitut Conference Board diesen Sammelindikator, den es aus zehn Einzelindikatoren berechnet.

Die einzelnen Komponenten sind (in der Reihenfolge ihrer Gewichtung): Zinsdifferenz zwischen den 10-jährigen US-Bonds und dem US-Leitzins (33,0 %), reale Veränderung der Geldmenge M2 (27,7 %), Wochenarbeitszeit im verarbeitenden Gewerbe (19,7 %), Auftragseingänge für Konsumgüter (5,9 %), Kursveränderung des S&P 500 (2,9 %),

Lieferzeiten-Index (2,9 %), Zahl der Erstanträge auf Arbeitslosenhilfe (2,5 %), private Baugenehmigungen (2,0 %), Verbrauchervertrauensindex der Uni Michigan (1,9 %), Auftragseingänge im Verarbeitenden Gewerbe (1,5 %). Ist der LEI dreimal in Folge negativ, gilt dies als zuverlässiger Vorbote einer Rezession: In den vergangenen acht Fällen seit 1960 hat der Indikator nur ein Fehlsignal geliefert.

MARKTKAPITALISIERUNG

Die Marktkapitalisierung bzw. der Börsenwert eines Unternehmens ist die Summe aller ausgegebenen Aktien eines börsennotierten Unternehmens.

KGV

Das Kurs-Gewinn-Verhältnis berechnet sich aus dem Quotienten des aktuellen Aktienkurses durch den Gewinn je Aktie, erstellt somit die Relation zwischen dem aktuellen Kurs und dem Jahresgewinn der Aktie. Liegt der Quotient unter 12, gilt das KGV im Normalfall als günstig und ab 20 als teuer. Wenn das KGV dagegen über 20 notiert, erscheint es als hoch, die Aktie als teuer. Um ein Wertpapier zuverlässig zu begutachten, sollte sein KGV immer mit dem anderer Papiere der gleichen Branche verglichen werden.

SHILLER-KGV

Aufgrund der nicht ausreichenden Souveränität des KGV entwickelte der Wirtschaftsnobelpreisträger Robert Shiller seine eigene Kennzahl: Zur Berechnung des klassischen KGV wird der durchschnittliche Gewinn der vergangenen zehn Jahre bei gleichzeitiger Inflationsbereinigung im Zähler und Nenner herangezogen. Das Shiller-KGV wird häufig für die Beurteilung des gesamten Aktienmarktes herangezogen. Anhand der Bewertungen kann man auf Wirtschaftszyklen und durchschnittliche Marktrenditen in den kommenden zehn Jahren schließen.

KUV

Das Kurs-Umsatz-Verhältnis berechnet sich aus dem aktuellen Aktienkurs dividiert durch den Jahresumsatz pro Aktie, erstellt somit die Relation zwischen dem aktuellen Kurs und dem Jahresumsatz der Aktie. Als Faustformel gilt: Je niedriger das KUV, desto günstiger kaufen Sie eine Aktie ein. Ein gutes KUV liegt unter 1,5.

KBV

Das Kurs-Buch-Verhältnis berechnet sich aus dem aktuellen Aktienkurs dividiert durch den Buchwert einer Aktie. Ab einem KBV von 1,0 aufwärts kann man von einem guten Kurs-Buchwert-Verhältnis sprechen. Der Buchwert beinhaltet Vermögens- und Schuldteile im Betriebsergebnis einer kaufmännischen Gesellschaft, berechnet nach den Herstellungskosten, abzüglich Ab- und Zuschreibungen entsprechend den handels- und steuerrechtlichen Bewertungsvorschriften. Besonders auffällig beim DAX seit seiner Erstnominierung 1988 ist, dass seit jeher alle Baissetiefs kurz unter dem Buchwert seiner Aktien markiert wurden.

KURS-CASH-FLOW-VERHÄLTNIS

Darunter versteht man das Verhältnis vom aktuellen Aktienkurs zu dessen aktuellem Cash-Flow. Cash-Flow ist die Gegenüberstellung von Ein- und Auszahlungen innerhalb eines bestimmten Zeitraums, die Aussagen über die Innenfinanzierung/Liquidität eines Unternehmens machen.

STREUBESITZ

Zum Streubesitz (engl.: Freefloat) zählen alle Aktien, die nicht von Großaktionären gehalten werden, also vom breiten Publikum erworben und gehandelt werden können. Davon ausgenommen sind Aktienpakete von Vermögensverwaltern wie Blackrock, Investmentfonds, Pensions- und Treuhandgesellschaften.

200-TAGE-LINIE

Die 200-Tage-Linie kennt jeder Charttechniker. Sie hat sich historisch gesehen als besonders wirksamer Indikator erwiesen und hat psychologisch selbst unter fundamental ausgerichteten Marktteilnehmern enorme Bedeutung: Für den gleitenden Durchschnitt der vergangenen 200 Börsentage wird pro Tag der Mittelwert der Schlusskurse berechnet und die resultierenden Durchschnittskurse miteinander verbunden (siehe 7.3 „Missachten von Trends").

Die Faustregel lautet: Wandert der jeweilige Index oder die jeweilige Aktie über den gleitenden Durchschnitt, wird dies für Charttechniker als Kaufsignal gedeutet und beim Unterschreiten von oben nach unten als Verkaufsignal. Dies ist keine absolute Gesetzmäßigkeit. Um sicherzugehen, sollte man der 200-Tage-Linie nur nach einer Baisse wieder ansteigenden und nach einer Hausse wieder fallenden Kursen wie 1999, 2003 und 2009 (Ende einer Baisse) und Ende 2002 und Anfang 2008 (Ende einer Hausse) volles Vertrauen schenken. In Seitwärtsphasen ist sie stets ungeeignet.

Börsentage und Börsenmonate

P räsidentschaftszyklus: Der Dow-Jones-Index folgt seit 120 Jahren mit hoher Trefferquote diesem Muster: 1. Tiefpunkt im März und Oktober 2. Eine Sommer- und Jahresendrallye ab Oktober bis zum Jahreshoch im Dezember.

Stellt sich der amtierende Präsident selbst zur Wiederwahl, wie z. B. Donald Trump 2020, steigen dabei im Wahljahr zu einer Wahrscheinlichkeit von 83 % die Kurse um 8 % im Durchschnitt und um 12 % im Vorwahljahr. Überdies ist die Partei des amtierenden Präsidenten ein Faktor für die Börse: Der S&P 500 legte in 15 von 18 Jahren zu, in denen die

Demokraten den Präsidenten (u. a. Barack Obama und Bill Clinton) hielten und den Kongress besetzten, und zwar durchschnittlich um 13 % jährlich, wohingegen republikanische Präsidenten mitunter die Krisenjahre 1929 und 2008 durchstanden.

Auf eine erste Verkaufswelle am Freitag („Panic Friday") vor dem Wochenende folgt meist eine zweite nach dem Wochenende am Montag („Black Monday") und mündet in den „Turnaround Tuesday" am Dienstag, historische Beispiele sind: 1929, 1987 und verschiedene Tage im Jahr 2008. Diese Wochentage erlangen erst in Krisenjahren ihre Bedeutung, folgen aber auch in Aufwärtsphasen demselben Muster oftmals. So lohnt es sich, Sparpläne auf Dienstage anzulegen, um im Gesamtergebnis eine bessere Rendite zu erhalten. Dieses Muster kommt auch nicht von ungefähr: Am Freitag wird oft verkauft, um unangenehme Negativmeldungen übers Wochenende zu vermeiden, darauf folgt dann oft ein weiteres Tief am Montag und dann günstige Kaufgelegenheiten am Dienstag.

Psychologische Einflussfaktoren auf Day-Trader

Anleger sollten folgende einfache Regeln beachten:

1. Umso früher, desto besser! Erst über lange Zeiträume kann der Zinses-Zins-Effekt seine Wirksamkeit entfalten.

2. Breit streuen! Besonders bei kleinen Sparbeträgen ist die Diversifizierung eines Depots mit einzelnen Aktien nicht leicht. Besser ist es da, auf

einen <u>ETF</u> zu setzen. Damit lassen sich komplette Aktienindizes wie der DAX und sogar mehrere Anlageregionen (z. B. MSCI World) abdecken.

3. Kosten reduzieren! Die Broker, die sich im Internet tummeln, verlangen unterschiedliche Ordergebühren. Viele bieten kostenlose ETF-Sparpläne schon ab 25 Euro an, z. B. Consorsbank. Man sollte sich vorher schlaumachen.

4. Sparen automatisieren! Mit Sparplänen machen sich Sparer das Leben leicht. Das Geld wird automatisch abgebucht, etwa zum 1. oder 15. eines Monats, und investiert. Damit verringert man auch das Risiko, zum völlig falschen Zeitpunkt einzusteigen.

5. Ruhe bewahren! Korrekturen und auch Crashs gehören zur Börse dazu. Doch die Geschichte zeigt auch: Wer investiert und bleibt, kann von solchen Krisen gar profitieren.

SELBSTÜBERSCHÄTZUNG

Erkennen Sie sich zuerst selbst! Darf es ein wenig risikoreicher sein oder wollen Sie lieber auf Nummer sicher gehen? Wie hoch ist Ihr Budget? Börseneinsteiger sollten sich umfangreich mit dem Thema befassen, bevor sie sich für den Schritt an die Börse entscheiden: Quartalsberichte der Unternehmen, unabhängige Analysten auf YouTube, Nachrichten in Tageszeitungen und Finanzzeitschriften sowie im Fernsehen, z. B. täglich auf „Börse vor Acht".

Quartalsberichte erscheinen viermal im Jahr und beginnen meist in den USA mit den Banken. Laufen die Geschäfte der Banken gut, läuft in der Regel auch die Wirtschaft gut, denn die Banken leben von Krediten und Investmentbanking und leiden unter Kreditausfällen und Unternehmenspleiten.

Allerdings sollte jede öffentliche Aktienanalyse auf Objektivität geprüft werden, besonders dann, wenn die Analysten einer Bank angehören, die bei der Börsennotierung eine maßgebliche Rolle spielen, um möglicherweise selbst von den Kursgewinnen zu profitieren. Und: Auch Analysten sind nur Menschen und irren regelmäßig. Es gibt Analysten, welche sich auf Chartanalyse spezialisieren, andere wiederum z. B. auf Fundamentaldaten. Die gesunde Mischung ist i. d. R. die beste Lösung.

Einige „Crash-Propheten" verdienen gar selbst viel Geld mit düsteren Prophezeiungen, die gerade in Deutschland viele offene Ohren und damit viel Geld erhalten, anders als in Amerika. Nur wurden diese „Crash-Propheten" im letzten Jahrzehnt eines Besseren belehrt. Es tummeln sich auch einige Neureiche auf YouTube, die mit kostenlosen Einsteiger-Webinaren locken, um langfristig von der Gier der Kunden zu profitieren. Selbstanalyse ist immer noch die beste Methode im Hinblick auf Fehlererkenntnis und eigenen Informationsquellen.

Viele Anleger fallen auch gern auf Börsenblasen rein. Diese gibt es zwar seit Jahrhunderten und bisher wurde noch keine vor dem Platzen bewahrt, doch sind sich mehr als genug Aktionäre jedes Mal aufs Neue felsenfest sicher, dass es dieses Mal nicht so kommt wie in vergangenen Zeiten, weil doch dieses Mal die Ursachen für die massiven Kursanstiege angeblich ganz einmalig wären. Was die meisten aber nicht auf dem Schirm haben ist, dass es egal ist, wie die Blase entsteht und ob es dabei immer nur um Aktien geht, wie jede Immobilienblase zeigt, sondern um die menschliche Gier.

Nur wenige erkennen, dass sie sich in einer Blase befinden und ihr Depot absichern sollten, anstatt wie die anderen weiter zu kaufen. Man kann nicht behaupten, dass die, die aber weiter kaufen, damals wie heute zu naiv gewesen seien. Schneller an mehr Informationen zu kommen, bietet keinen Schutz, sich von einer Blase nicht einfangen zu lassen. Diejenigen wollen einfach immer nur das wahrnehmen, was für immer weiter steigende Kurse spricht. Risiken werden seit jeher einfach ausgeblendet. Egal, wie modern die Börsen und ihre Rahmenbedingungen heute sein mögen (Beispiel: Wirecard). Der Mensch hat sich hinsichtlich seiner Emotionen und damit seiner Gefahr, Fehler zu machen, nie verändert.

SELEKTIVE WAHRNEHMUNG

Der menschliche Tunnelblick ist ein allgegenwärtiges Phänomen an der Börse und das schon beim Kauf: Man neigt bei jeder Entscheidung dazu, bestätigende Argumente zu suchen und Gegenargumente zu verdrängen – Wirecard lässt grüßen. Dieser menschliche Verdrängungsmechanismus setzt sich auch bei der Bewertung der eigenen Depotpositionen nicht ab: Man feiert lieber die Gewinner, anstatt von den Verlustbringern zu lernen. Dieses Verhalten lässt sich wissenschaftlich so begründen, dass Menschen ungern zu ihren eigenen Fehlern stehen, da sie mit Schuldgefühlen und Reue verbunden sind.

Um solche Dissonanzen zu umgehen, wird selbst an Kursverlierern festgehalten, deren Aussichten trübe sind. Auszusitzen tut weniger weh als zu verkaufen. Tipp: Transaktionen sollten prinzipiell vor jeder Entscheidung erst auch aus der umgekehrten Perspektive und die Charttechnik betrachtet werden, um den Kauf oder Verkauf einer Aktie abzuwiegen. Dies gilt auch für bereits erfolgte Transaktionen: „Depotleichen" sollten Sie schleunigst verkaufen und Gewinne mitlaufen lassen, um aus den eigenen Fehlern zu lernen.

„THE TREND IS YOUR FRIEND"

Trends sind wie Naturgewalten an der Börse, deren Macht von Anlegern allzu oft unterschätzt wird, anstatt deren Kräfte für sich zu nutzen. Viel wahrscheinlicher ist es, dass ein Kurstrend andauert, als dass er endet, und das sowohl bei steigenden als auch bei fallenden Kursen.

Manch einer sieht sogar diese „Tatsache" wie den Präsidentschaftszyklus als eine Gesetzmäßigkeit der Börse an. Und doch wird sie selbst von erfahreneren Anlegern nicht genug beachtet. Man will gern „schlauer als der Markt" sein (siehe

„Selbstüberschätzung"), indem eine Aktie im laufenden Trend bereits als teuer erscheint, da bspw. das KGV nicht mehr am günstigsten ist. Trotzdem lohnen sich solche Aktien, selbst welche auf Allzeithoch lohnen sich sehr oft.

Etabliert ist ein Trend aber erst dann, wenn seine Trendlinie durch mehrere Wendepunkte im Chart verankert ist. Man sollte dennoch mit einer Stop-Loss-Order absichern, gerade wenn Trends echt heiß laufen („Hindenburg-Omen"). Bestenfalls definiert man gleich beim Kauf charttechnische Marken, bei denen sich Verluste erahnen lassen.

Denn auch jeder Trend findet irgendwann sein Ende und wenn dies geschieht, geht es oft deutlich abwärts. Wenn dann selbst positive Fundamentalnachrichten verpuffen, sollten die Alarmglocken klingeln. Einem Abwärtstrend sollte daher nur mit monatlichen Sparplänen begegnet werden. Schlagartige Kurseinbrüche, die gänzlich übertrieben sind, können hingegen als Einstieg genutzt werden, bspw. der Kursabsturz der VW-Aktie nach dem Dieselskandal 2015. Viel klüger ist es aber immer, den Übergang vom Abwärtstrend zum Aufwärtstrend abzuwarten. Die anderen erledigen die Suche nach dem Boden.

FALSCHES TIMING

Den richtigen Verkaufszeitpunkt zu finden, fällt vielen schwerer als den richtigen Kaufzeitpunkt: Viel zu oft werden Sieger zu frühzeitig und Verlierer zu spät abgestoßen. Einfach noch im Aufwärtstrend zu verkaufen, ist verschenktes Geld (vgl. Fehler 2: „Missachten von Trends").

Dabei spielen fundamentale Begründungen eine zweitrangige Rolle, viel wichtiger ist das Sentiment für Aktien: Werden bspw. Negativmeldungen bei steigenden Kursen einfach ausgeblendet, ist das Sentiment gut, obwohl die fundamentalen Negativdaten überwiegen mögen. Das Timing sollte auch aus dem Grund gut überlegt sein, denn zu viel Hin und Her macht die Kasse leer, da bei jeder Order Gebühren anfallen.

Der typische Ablauf einer Blase

Blasen gab es schon vor der Börse. Einige bekannte Beispiele aus der Geschichte sollen zeigen, wie die durch die Psychologie der Menschen verursachten Blasen verliefen – von der Entstehung bis zum Platzen.

1637: DER TULPEN-CRASH

Im 17. Jahrhundert gehörten die Niederlande dank der Überseekolonien zu den reichsten Ländern der Erde. Um 1630 entwickelte sich ein Liebhaberobjekt mit ständig wechselndem Gesicht zum Modetrend in den Kreisen der Reichen und sollte zur ersten Spekulationsblase der Geschichte mit Vorläufern der heutigen Finanzprodukte werden: Tulpenzwiebeln. Die exotische Pflanze aus dem osmanischen Reich war nicht nur ein Statussymbol, sie wurde zur Handelsware für die ganze Nation.

Tulpenzwiebeln wurden fortan auf Auktionen in Wirtshäusern gehandelt: Rasch überstieg die Nachfrage das Angebot, was zu immensen Preissteigerungen führte. Sie wechselten teils mehrfach am Tag den Besitzer und Spekulanten feuerten das Tulpenfieber immer weiter an. Die Aussicht auf das schnelle Geld zog die Niederlande in ihren Bann.

Selbst Auktionsscheine wurden gehandelt. Wer das Geld nicht hatte, konnte einen Kredit aufnehmen. Manche Zwiebel kostete schon bald so viel wie ein Haus. Der Tulpenmarkt entwickelte sich zu einem Tulpentermingeschäft: Tulpenzwiebeln wurden schon im Frühjahr versteigert, obwohl sie noch in der Erde waren, wie die Blüten aussehen würden, blieb reine Spekulation. Jeder wusste, dass es nur eine Frage der Zeit war, bis der Zenit erreicht würde, und 1637 war es dann so weit: Plötzlich gab es für ein seltenes und teures Exemplar, die „Semper Augustus", keinen Käufer mehr.

Die Preise rauschten bis zu 95 % in den Keller.

Die Investoren gerieten in Panik, denn Besitzscheine (Vorreiter der heutigen Aktien) wurden zu wertlosem Papier. Historiker schätzen, dass es eine ganze Generation dauern würde, bis sich die niederländische Wirtschaft wieder regeneriert hatte.

Diesen „Tulpen-Crash" kannte natürlich bald jeder in ganz Europa und mit Sicherheit dürften sich viele Menschen schiefgelacht haben. Aber gerade, wer glaubte, nur die „anderen" fielen auf solche Dummheiten herein, begab sich selbst in Gefahr einer solchen Falle.

Keine 100 Jahre später entwickelte sich die nächste Blase, diesmal in England. Dort war es noch grotesker: In Holland war das Spekulationsobjekt zumindest etwas real Existentes, in England hingegen überhaupt nichts. Wie viel Zeit musste vergehen, bis auch diese Blase ihr blaues Wunder erlebte und selbst Sir Isaac Newton gehörte zu den Verlierern. Er soll gesagt haben: „Ich kann die Bewegung eines Körpers messen, aber nicht die menschliche Dummheit.", oder „Ich kann zwar die Bewegung der Himmelskörper berechnen, aber nicht, wohin die verrückte Menge von Menschen einen Börsenkurs hintreiben kann".

Auch im 19. Jahrhundert gab es einige heftige Kurseinbrüche an verschiedenen Börsen, sie hatten aber nicht wirklich den Charakter einer Blase. Erst wieder zur nächsten Jahrhundertwende tauchte die nächste echte Blase auf:

1893 UND 1907: DIE US-EISENBAHN-BLASEN

Blasen entstehen meistens aufgrund technischer Neuerungen. Sie verheißen eine „neue Ära" und bewirken eine enorme Anziehung durch Anleger. Gewaltige Gewinne sind in Sicht und auch viele neue Unternehmen drängen auf den Markt. Alles dreht sich plötzlich nur um dieses neue Phänomen und Aktien bieten vergleichsweise leicht die Möglichkeit, daran teilzuhaben.

Nachdem US-amerikanische Bauingenieure es in den 1870er-Jahren geschafft hatten, die „West Coast" mit der „East Coast" mit einer Eisenbahnlinie zu verbinden, war es wieder so weit. Die Eisenbahn wurde zur neuen logistischen Basis der industriellen Revolution, um Güter schnell und zuverlässig von A nach B zu transportieren. Eisenbahngesellschaften wurden überall gegründet, doch niemand konnte im Vorfeld wissen, welche Gesellschaft sich langfristig etablieren, welche verschwinden würde und wie viel Geld sich letztendlich mit dieser neuen Entwicklung verdienen ließe.

Die beiden großen Börsencrashs 1893 und 1907 hatten ihren Auslöser nicht durch Missstände in der Eisenbahnwirtschaft, sondern einmal wegen riskanter Investments in Argentinien und dem Versuch, ganz viele Aktien in Gold umzuwandeln bzw. zu retten, weil die Angst umging, dass die Misswirtschaften von Argentinien in die USA überschwappen würden (1893) und einmal wegen des gescheiterten Versuchs einiger Großbanken, ein Quasi-Monopol auf den Kupferpreis vertraglich festzuhalten (1907).

Getroffen hatte es beide Male am meisten die Eisenbahnaktien, weil dort die Anleger das meiste Geld parkten, am heftigsten spekulierten und entsprechend aufgeregt und auf wackeligen Beinen waren. Der Bärenmarkt an der Wall Street von 1906 bis 1907 betrug 50 %. Zum Vergleich: Würde dies heute passieren, würden die Tech-Schwergewichte am meisten getroffen werden, da in ihnen das meiste Kapital steckt. Was aber ab 1929 geschehen sollte, übertraf diesen Crash an Heftigkeit deutlich.

1929: DIE BLASE DES JAHRHUNDERTS

Umwälzende Fortschritte in der Technik verheißen eine „neue Ära" und bewirken eine enorme Anziehung durch Anleger. Die 1920er waren eine sehr außergewöhnliche Zeit, die von vielen Menschen als sehr positiv wahrgenommen wurde („Goldene Zwanziger"): Die Schreckensjahre des Ersten Weltkriegs waren vorbei und es gab viele technische Neuerungen, die das vorherige Leben auf den Kopf stellten: Radios, Stromversorgung, Autos, Telefon, Stromversorgung etc. Immer mehr Unternehmen versuchten, damit große Gewinne zu erwirtschaften.

Die Verheißung, an der Börse zu handeln, ließ die wenigsten kalt – umso stärker umso länger die Hausse dauerte, selbst unerfahrene Anleger nicht („Milchmädchen-Haussen"). Immer mehr Menschen kamen auf die „geniale" Idee, dafür noch Kredite aufzunehmen, denn die Börse war für viele nichts anderes als eine „Einbahnstraße". Doch auch diesmal brauchte es keinen expliziten Grund, dass auch diese Blase irgendwann platzte. Ähnlich wie zu Zeiten der Tulpenmanie circa 300 Jahre zuvor ließ sich ab einem bestimmten Punkt kein Narr mehr finden, der noch einmal drauflegte, weil alle gemeinsam auf einen Käufer für ihre Aktien warteten.

Und das setzte dieselbe Kettenreaktion wie 1637 in Holland in Gang: Niemand weiß bis heute, warum es ausgerechnet Donnerstag, der 24. Oktober 1929, war als die Kurse an der Wall Street abrutschten, nachdem sie schon ein paar Tage vorher leicht fielen und der damalige republikanische US-Präsident Herbert Hoover wollte die Kleinanleger seines Landes auch nicht warnen, denn wer will schon verantwortlich gemacht werden für einen Crash.

Im Umkehrschluss war es aber seit jeher ein gutes Zeichen, wenn ein US-Präsident sein Volk zum Aktienkauf riet (Barack Obama 2008 und Donald Trump Ende 2018). Wie auch schon in den 1630er-Jahren dienten Aktienwertpapiere an sich als Absicherung für Kredite, also wie eine Art Hypothek. Somit wurden aus „Gewinne ohne Arbeit" plötzlich „Schulden für Nichts" und das, wie bei allen Blasen, nicht innerhalb eines Tages: Auf einen Rekordstand von 381 Punkten im September 1929 beim Dow-Jones folgte ein Abschwung bis zum Tief bei 41 Punkten im Juli 1932 (Bilanz des Bärenmarktes: 90 %).

Die Einbrüche betrafen nicht nur die Börse: Banken erhielten ihre Kredite nicht zurückgezahlt, viele Aktionäre waren ruiniert und die damals gerade erst gegründete US-Notenbank Federal Reserve (FED) entzog dem Markt im Gegensatz zu heute noch zusätzlich Liquidität, weil der US-Dollar damals noch an den Goldstandard gekoppelt war. Es kam zur „Great Depression" mit weiteren Fehlentscheidungen, vor allem vonseiten der Regierung, die von einer gigantischen Arbeitslosigkeit, einer Hungersnot der Landbevölkerung und vom Ende vieler aufstrebender Unternehmen begleitet wurde.

Zum Vergleich: Seit den 1970er-Jahren ist der US-Dollar vom Goldstandard losgekoppelt, demnach kann die Federal Reserve ihre Geldmenge unendlich erhöhen, so sie es denn wolle und solle. Es sollte auch wie fast 300 Jahre zuvor in Holland – die Inflation berücksichtigt – fast eine ganze Generation dauern, bis sich die US-Wirtschaft wieder erholte.

1999: „NEUER MARKT"

Wieder zu einer Jahrhundertwende hieß es „Neue Zeiten versprechen ewigen Wohlstand" (vgl. Eisenbahnblase 1893 und 1907). So auch Ende der Neunzigerjahre: Das World Wide Web erfasste die Börsen bereits, bevor es alle Teile der Bevölkerung erfasste. Hinzu kamen auch neue Entwicklungen in der Biotechnologie, doch die Aktienblase betraf bereits den sogenannten „Neuen Markt": Ein berüchtigtes Beispiel ist die Telekom-Aktie.

Wie schon um 1893 und 1929 sieht man, dass Anleger durchaus immer wieder das Potenzial ihrer Zeit erkennen, doch Blasen bilden sich, wenn zu viele zu vielem entgegensehen, ohne weiter zu hinterfragen.

Denn selbstverständlich haben sich die Technologien wie das Radio, das Telefon etc. durchgesetzt. Wieder einmal waren gewaltige Gewinne für Unternehmen und Aktionäre in Sicht und auch viele neue Unternehmen drängten auf den Markt, von denen sich aber bei derartigen Entwicklungen letztendlich nur die wenigsten durchsetzten. Selbst bei diesen waren die KGVs auf Rekordhoch, obwohl sie sich noch in frühen Entwicklungsphasen ihrer neuen Technologien befanden und deren Aktienpreise vor allem von der Irrationalität der Anleger getrieben waren. Gleiches erkennt man 2020 mit den riesigen Datenmengen der Tech-Giganten, die als das „neue Gold" bezeichnet werden, wieder. Und umso höher die Aktien stiegen, desto mehr vergaß man die wirklichen Unternehmensgewinne.

Im März 2000 wurde dann aber der Bärenmarkt des Nasdaq 100 eingeleitet, der bis März 2003 ging, genauso verlief es beim DAX: Die Kurse schwankten zunächst immer stärker auf sehr hohem Niveau, ohne weiter zu steigen, bevor sie dann einbrachen.

Wieder einmal waren Akteure, die auf Kredit spekulierten, dabei und setzten das gleiche Szenario wie
1929 in Gang, was erneut in einem jahrelangen Ab-
stieg endete. Die Telekom-Aktie bspw. verlor während der Baisse (2000 bis 2003) über 90 Prozent,
andere Unternehmen verschwanden gar gänzlich
vom Kurszettel.

2008: BANKENSPEKULATION

Als 2001 die Zwillingstürme in New York angegrif-
fen wurden, versuchten die US-Regierung und die
US-Notenbank mit allen Mitteln, das Land durch
Niedrigzinsen aus der depressiven Phase zu locken.
Die Immobilienpreise zogen daraufhin an, doch als
die Banken begannen, Kredite immer mehr auch an
Kunden mit geringen Einkünften zu vergeben, kam
es mal wieder, wie es kommen musste: Irgendwann,
2006, gab es nicht mehr genug neue Käufer, die ersten Immobilienpreise sanken und immer mehr
Schuldner konnten Ihre Schulden nicht mehr bezahlen. Gleichzeitig stiegen die Zinsen wieder an.

Die US-Banken, die die faulen Kredite vergeben
hatten und von den wirtschaftlichen Verzerrungen
Wind bekamen, verpackten die Kreditansprüche zusammen mit anderen Kapitalanlagen in

„undurchsichtige" Wertpapiere, die von Ratingagenturen („Komplizen") „geprüft" und mit hohen Gewinnansprüchen an Investoren und Abnehmer (Banken, Privatkunden, Fonds, Versicherungen) in der ganzen Welt, darunter auch in Deutschland, verkauft wurden. Es wurde also, wie auch in England im 18. Jahrhundert, auf „Nichts" spekuliert.

Ähnlich wie damals wurden den Käufern maximaler Gewinn und Rendite versprochen. Befeuert wurde die Spekulation durch Termingeschäfte der Großbanken auf weiter steigende Kurse in Höhe von zuletzt 500 Milliarden US-Dollar. Doch als erkannt wurde, dass diese „Wertpapiere" quasi „Unwertpapiere" waren und man das Ausmaß nicht einschätzen konnte, liehen sich Banken untereinander und den Unternehmen kein Geld mehr. Um also noch an Geld zu kommen, wurde alles abverkauft, was zu Geld gemacht werden konnte: Aktien, Edelmetalle, Rohstoffe etc. Doch, wer wollte schon in solchen Zeiten davon etwas abkaufen? So brachen die Kurse von September 2008 bis März 2009 um mindestens 50 % ein.

Diese Krise rief genauso wie die Krise in England im 18. Jahrhundert auch ein Misstrauen auf Banken, Regierungen und nicht zuletzt auch auf (Aufsichts-)Behörden einher, befeuert durch die

Pleite der damals viertgrößten US-Bank „Lehman Brothers". Die US-Banken sowie die Ratingagenturen hatten damals viel zu viel Macht und viel zu wenig Kontrolle, was als Lehre unter der Obama-Regierung reguliert, allerdings unter der Trump-Regierung auch schließlich wieder gelockert wurde.

Als Folge brach der weltweite Handel um ein Zehntel ein, einschließlich der gesamten Wirtschaftsleistung der Industrieländer, die in eine Rezession stürzten. Anders als 1929 reagierten die Zentralbanken, zumindest die Federal Reserve und die EZB, nicht mit Liquiditätsentzug, sondern mit Liquiditätszufuhr. Dies wirkte mit Zeitverzögerung, da sich Angst und Misstrauen nicht so einfach wieder in Euphorie umkehren ließen und lassen.

2020: DIE TRUMP-BLASE?

Die US-Aktienhausse seit dem US-Präsidentschaftswahlsieg von Donald Trump im November 2016 hatte durchaus Charaktereigenschaften einer Blase. Die Kursanstiege während seiner Amtszeit beschleunigte sich zumindest bis Januar 2018 fast unaufhörlich, obwohl man noch bis zum Wahltag fast flächendeckend die Meinung vertrat, die Absichten Trumps würden der US-Wirtschaft kurzfristig zwar helfen, sie aber über kurz oder lang in Schwierigkeiten manövrieren.

Selbst, als er im März 2018 den Handelskrieg mit China offiziell anzettelte, stiegen die Kurse wieder, weil man glaubte, die USA würden den Handelskrieg gewinnen. Solch ein Wandel von Skepsis zu Euphorie und Gier ist für Blasen nicht untypisch. Und dass, obwohl die konkreten Konjunkturdaten keine fundamentale Stütze bieten: Das US-Wachstum ist bislang sowohl nicht stärker als im ersten Präsidentschaftsjahr Barack Obamas als auch im langfristigen Durchschnitt nicht.

Und dennoch sind sowohl das klassische KGV als auch das Shiller-KGV höher als der langfristige Durchschnitt. Dabei geht dieses gebremste Wachstum mit einem beabsichtigt gedrückten US-Dollar, Liquiditätsflutungen seit 2009, rapide steigender Verschuldung und sinkenden Anleihe- und Leitzinsen seit den 1980ern, die jetzt auf dem Stand der 1930er sind, der Einfuhr von Strafzöllen, der Loslösung von bestehenden Handelsabkommen und dem Brexit einher. Überdies fuhr Trump unter seiner Präsidentschaft Steuersenkungen ein, was zusammen mit Aktienrückkäufen vieler US-Unternehmen die Hausse weiter antrieb. Die US-Tech-Giganten konnten sich dies leisten, da sie in derselben Zeit auch ihre Gewinne massiv steigerten. Aber einstweilen die Kurse noch nicht wirklich ins Bröckeln geraten, hinterfragen die meisten Akteure eine solche blasenartige Hausse noch nicht (siehe „Missachten von Trends"). Wirtschaftswissenschaftler gehen aber davon aus, dass die Wirtschaft sich in einer späten Phase ihres aktuellen Zyklus befindet.

Eine lang anhaltende zunehmende Sorglosigkeit an der Börse endet böse, wie man im März 2020 schon spüren konnte. Ein regelmäßiger Blick auf die Charttechnik (z. B. 200-Tage-Linie), samt ihrer Trend- und Unterstützungslinien sowie der Einbau von Stop-Loss-Orders lassen Unheil an der Börse vermeiden.

Ronald Read

E r lebte zeit seines Lebens in ärmlichen Verhältnissen, ging oder trampte täglich zu seiner Highschool. Diese simplen Lebensum-
stände setzte er zeit seines Lebens nicht ab: Er war
so genügsam, dass er seinen Mantel manchmal sogar
mit Sicherheitsklammern zusammenhielt und sein
Auto stets weit weg parkte, um Parkgebühren zu
sparen.

Er besaß keine besonderen Finanzmarktkennt-
nisse und kaufte nur Aktien von Unternehmen, die
er selbst kannte und von denen er selbst überzeugt
war. Er besuchte regelmäßig die örtliche Bibliothek
und abonnierte das Wall Street Journal. Dabei kon-
zentrierte er sich besonders auf Bluechip Aktien mit

langen Wachstumsaussichten und starken Dividenden, die er stark diversifizierte und jede einzelne durchleuchtete. Aktienkurse selbst interessierten ihn nicht groß, er war vielmehr besessen, immer mehr Aktien zu besitzen.

Er hielt Aktien stets in Form von Zertifikaten, die er in einem Safe verstaute. Er sammelte praktisch Aktien wie Briefmarken, das war sein Hobby und er war ein Vertreter der Buy-and-Hold-Strategie. Dies ersparte ihm Steuern vor dem Finanzamt. Er behielt seine Aktien Jahre oder gar Jahrzehnte.

Alles begann Ende der 50er-Jahre im Alter von 37 Jahren mit dem Kauf von 39 Aktien des Versorgers Pacific and Gas im Wert von damals 2380 Dollar. Die ausgeschütteten Dividenden reinvestierte er stets in neue Titel. Als er 2014 im Alter von 92 Jahren starb, besaß er 95 verschiedene Aktien aus den Branchen wie Gesundheitswesen, Telekommunikation, öffentliche Versorgungsunternehmen, Schienenverkehr, Banken und Konsumgüter. Selbst Aktien der 2008 pleitegegangenen US-Großbank Lehman Brothers schmälerten sein Depot nur leicht. Von seinem Vermögen am Ende in Höhe von 8 Millionen Dollar hatte er nichts. Er spendete 1,2 Millionen an seine örtliche Bibliothek und 6,8 Millionen an sein örtliches Krankenhaus.

Anne Scheiber

Anne Scheiber wuchs um 1900 im New Yorker Stadtteil Brooklyn in bescheidenen Verhältnissen mit ihrer Mutter auf, nachdem ihr Vater mit Immobiliengeschäften viel Geld verloren hatte und jung gestorben war. Sie selbst arbeitete zunächst als Buchhalterin und als Wirtschaftsprüferin beim Finanzamt. Der Job reichte allemal zum Leben, aber in den 23 Jahren wurde sie nie befördert.

Sie brauchte nicht viel zum Leben: In ihrem kleinen Apartment in Manhattan mit wenig Ausstattung gönnte sie sich selten einen Spaziergang zum Central Park, immer im selben schwarzen Mantel und einem matronenhaften Hut. Bei ihrer akribischen Arbeit lernte sie, womit die New Yorker, die Stadt der Wall Street, wirklich „Asche" machten: mit Aktien. Als sie 1944 mit gerade einmal 5000 Dollar Erspartem in Rente ging, stellte sie ein umfangreiches Portfolio auf aus über 100 Titeln. Die meisten waren Bluechips wie Lebensmittel- und Pharmakonzerne.

Ungeachtet jeglicher Kursschwankungen legte sie die Dividenden stets wieder an. Diese „Buy-and-Hold"-Methode verfolgte sie selbst während der Wirtschaftskrise in den 1970er-Jahren oder 1987. Die Märkte zu studieren, war einfach ihre Leidenschaft. Kurz vor ihrem Tod 1995 im Alter von 101 Jahren belief sich ihr Depotwert auf insgesamt 22 Millionen Dollar, davon allein 750.000 Ausschüttungen und 30 % von steuerfreien Kommunalobligationen, eine Art Anleihe. Beinahe ihr gesamtes Vermögen überließ sie der Yeshiva Universität.

Herstellung und Verlag:
BoD – Books on Demand, Norderstedt
ISBN: 9783753428031

© Thomas Spahn 2021
1. Auflage
Kontakt: Psiana eCom UG/ Berumer Str. 44/ 26844 Jemgum
Covergestaltung: Fenna Larsson
Coverfoto: depositphotos.com